MONOGRAPHIES UNIVERSITAIRES

HISTOIRE

DU

COLLÈGE D'ARGENTAN

PAR

ALBERT MEINADIER

PARIS
LIBRAIRIE GÉNÉRALE
72, Boulevard Haussmann, 72

Prix : 1 fr.

LE COLLÈGE D'ARGENTAN

Tulle. — Imprimerie Crauffon. — 1878.

MONOGRAPHIES UNIVERSITAIRES

HISTOIRE

DU

COLLÈGE D'ARGENTAN

PAR

ALBERT MEINADIER

PARIS
LIBRAIRIE GÉNÉRALE
72, Boulevard Haussmann, 72

1878

INTRODUCTION

« Nullum munus reipublicæ
» afferre majus meliusve possu-
» mus quam si docemus atque
» erudimus juventutem. »

(Cic. *De Offic.*)

Un collège a son histoire comme un pays, comme une ville, comme une grande famille ; cependant, aucun auteur n'a encore été séduit par cette étude si attachante qui consisterait à prendre, à l'origine, chacun des collèges et lycées de France pour les suivre dans leurs développements progressifs, et tout travail d'ensemble manque sur cette matière.

Peut-être l'aridité de la statistique a-t-elle arrêté plus d'une bonne volonté ? Peut-être aussi le souvenir des jeunes années passe-t-il trop rapidement ?

Nous vivons vite, aujourd'hui, nous hésitons à retourner la tête, nous voulons regarder en avant et voir loin.

Le temps des études fini, pourquoi revenir sur le passé, pourquoi s'occuper de ces vieux murs derrière lesquels sont nés les premiers sentiments d'émulation et de travail, pourquoi ne pas en laisser la tâche aux professeurs qui y enseignent ?

Et, pendant que ceux-ci se taisent par modestie, pendant qu'on disserte sur le principe de l'instruction publique, sur sa liberté ou sur son monopole, les établissements dans lesquels se donne cette instruction, sans historiens, mais non pas sans histoire, continuent modestement leur tâche journalière, instruisant l'enfant, préparant l'homme pour plus tard.

« L'histoire est toujours à faire, » a dit Villemain en généralisant son idée ; tout esprit consciencieux découvre, en effet, dans les évènements racontés par d'autres des leçons et des vues nouvelles.

« Celle de la France est enfouie dans les archives de nos communes, » affirmait Augustin Thierry en 1827.

Ne peut-on pas prétendre également, en combinant ces deux réflexions, que l'histoire des générations nouvelles est renfermée en principe dans celle des collèges, non entreprise encore, et dont le gouvernement prendra peut-être l'initiative, comme il l'a déjà prise pour l'histoire des régiments.

« Donnez-moi l'instruction publique pen-

dant un siècle, disait Leibnitz, et je change-
rai le monde. »

Cette idée est vraie, malgré son exagération;
les temps modernes, pas plus que les gouvernements de l'antiquité, n'ont méconnu la puissance de l'éducation et de l'instruction sur les
tendances des générations nouvelles; mais ni
la raison ni le sens moral de la nature humaine
ne pourraient être à la merci de prescriptions
contraires aux lois éternelles de la conscience
et de la civilisation.

L'instruction de la jeunesse fait les mœurs
et la discipline des Etats, ont aussi reconnu,
après les juriconsultes des xvie et xviie siè-
cles (Chopin, Pasquier, Servin, de Thou,
Domat), les publicistes de toutes les écoles du
xviiie siècle et les meilleurs esprits de notre
temps (Montesquieu, *Esprit des Lois*, liv. iv,
chap. 1; Malesherbes, *Princ. de Lég.*,
liv. ix, chap. 7 et 8, p. 203; Troplong,
Du Pouvoir de l'État sur l'Enseignement;
Thiers, *De la Liberté de l'Enseignement.*)
Tout récemment encore, une haute personna-
lité du jour, M. Bardoux, ministre de l'Instruction publique, en posant la première
pierre du lycée de Lille, s'exprimait ainsi :
« La France sera ce que la feront les généra-
» tions qu'elle élève... Aussi, tout lycée que

» nous fondons est un gage donné à l'avenir. »
(Discours du 16 juillet 1878.)

Bien avant tous, Aristote affirmait « que
» le moyen le plus efficace pour conserver les
» Etats, c'est d'élever les citoyens dans l'es-
» prit des gouvernements... de les façonner et
» de les jeter, pour ainsi dire, dans le moule
» de la Constitution. » *(Polit.,* liv. v, chap. 8.)

S'il est curieux de suivre dans l'histoire générale des nations les influences diverses qui
s'exercent sur l'instruction publique et les dif-
férents pouvoirs qui s'en emparent tour à tour,
il n'est pas moins intéressant de restreindre
l'étude et de la circonscrire à un pays, à une
région, à une province, à une ville.

Parfois, le cercle est étroit; il est difficile,
dans un travail tout local, de montrer les différentes phases d'une idée par des faits maté-
riels qui en ont été la conséquence; mais on
trouve toujours des circonstances, insignifian-
tes au premier abord, qui viennent se rattacher
au mouvement général et qui permettent même
de le mieux comprendre, de le mieux apprécier dans ses effets.

Non pas qu'il faille, comme les philosophes
de tous temps, avoir le penchant d'attribuer
les choses les plus simples à des desseins pro-
fonds.

Ad. Smith le fait justement remarquer, en critiquant l'opinion de Montesquieu et de l'abbé Barthélemy, les écrivains qui, adoptant les vues des philosophes anciens, ont nié le plus énergiquement la liberté de l'enseignement dans l'antiquité.

Chez les Grecs comme chez les Romains, l'autorité publique ne s'occupait que de la partie fort restreinte intéressant l'accomplissement des devoirs religieux et politiques, et laissait, pour l'instruction, la plus large part au père de famille.

Il est vrai, cependant, que la République de Sparte, sous les lois de Lycurgue, étendait son intervention aussi loin que possible dans l'instruction publique ; mais il ne faut pas oublier qu'elle a toujours été considérée comme une curieuse anomalie, subsistant isolée dans la Grèce, avec un régime à part, touchant de près au communisme et qui n'a jamais été adopté ni imité par ses voisins.

Ce fût l'Église qui, la première, comprit la puissance qu'elle pouvait avoir en s'emparant de l'enseignement ; le moment était favorable, la société nouvelle suivait le mouvement religieux qui l'entraînait ; aussi, les écoles établies près des évêques, dans les monastères et dans les paroisses, ne tardèrent pas à devenir le centre d'une grande activité intellectuelle, amenant la chute des célèbres écoles gauloises qui persistaient dans les erreurs du paganisme.

Il est malaisé de trouver, aujourd'hui, en Normandie, des vestiges de ces anciennes écoles ecclésiastiques, soutenues et multipliées par Charlemagne; mais il devient facile, même dans l'histoire spéciale que nous entreprenons, de suivre les progrès de l'Université sécularisée par Philippe-le-Bel, d'assister à ses luttes avec les Jésuites, de voir l'autorité civile intervenir dans ses règlements et le pouvoir temporel s'emparer peu à peu de cette instruction publique qu'il avait d'abord dédaignée, s'en assurer le monopole, en décréter la liberté absolue, et enfin fusionner ces deux principes dans la loi du 1er mai 1802 (11 floréal an X).

La promulgation de cette loi a donné naissance au collège d'Argentan, dont la création est tout autant le résultat de l'action de l'État que de l'initiative communale.

I

L'ENSEIGNEMENT DANS LA RÉGION D'ARGENTAN
AVANT 1802.

L'instruction paraît avoir été fort négligée, avant la Révolution, sur le territoire de la Normandie, qui forme maintenant le département de l'Orne, et principalement dans la région d'Argentan.

Le premier établissement d'enseignement dont il soit fait mention, dans ce pays, est le collège de Séez, fondé en 1630 et constitué d'une manière définitive, en 1718 seulement, par le chanoine Jacques Hardouin Bellier des Essarts.

Cependant, lorsque l'Université, après sa sécularisation, s'assouplissant sous l'influence de l'esprit de corps à l'unité et aux règles de la hiérarchie, prenait l'initiative de la création de nombreux collèges, l'Église de Séez avait suivi l'impulsion générale.

Elle avait fondé, rue de la Harpe, un des quarante-neuf établissements d'instruction secondaire qui furent établis à Paris de 1210 à 1463 et auquel on donna le nom de collège de Séez, en mémoire du

51ᵉ évêque de cette ville, Grégoire Langlois, son fondateur en 1404 (1).

Indépendamment des droits qu'il exerçait sur ce collège, le diocèse de Séez avait encore des bourses qui lui étaient affectées au collège du Bueil, installé à Angers dans un hôtel ayant appartenu à la famille de ce nom. (Dumoulin, p. 64. — De Maurey d'Orville. — *Recherches historiques sur les Évêques de Séez*, 1829; bibliothèque de la ville.)

Ces deux collèges, situés en dehors du territoire diocésain, profitèrent des trois circonstances qui vinrent, presqu'à leur origine, contribuer au développement des études classiques :

D'abord, l'intervention dans la réforme des Universités du pape Nicolas V par son légat en France, le cardinal d'Estouteville (1452):

Puis, la renaissance des lettres grecques et latines due aux cours d'un Grec fugitif à la suite de la prise de Constantinople, Grégoire de Tiferne (1458);

Enfin, l'invention de l'imprimerie qui, achevant le grand mouvement commencé par les deux premières causes, fit naître tous les travaux d'érudition du XVIᵉ siècle.

Mais ils eurent à lutter contre une concurrence redoutable.

____

(1) M. Killan *(Historique de l'Instruction secondaire en France)* ne fait remonter cette fondation qu'en 1128,

Forts de l'appui de Guillaume Duprat, évêque de Clermont, les Jésuites s'étaient introduits en France et avaient fondé une maison d'enseignement dans le quartier Saint-Jacques, à Paris (février 1564).

En 1550, le pape Jules III, les affranchissant de la juridiction universitaire, leur avait octroyé le pouvoir de conférer directement les grades de bachelier, de licencié et de docteur.

L'Université s'éleva, par ses décrets, contre cette usurpation ; néanmoins, ce ne fût qu'après l'attentat de Jean Châtel qu'elle pût obtenir leur première expulsion (arrêt du 29 décembre 1594).

Cette rivalité eût du moins l'avantage de faire sentir le besoin d'une réforme complète, dont l'important travail fut confié à une commission composée des plus célèbres magistrats de l'époque : Harlai, de Thou, Molé, Séguier, sous l'influence directe de l'autorité royale, sans que le pouvoir pontifical intervint comme précédemment.

Sous cette législation nouvelle (statuts du 3 septembre 1598, publiés le 18 septembre 1600 et règlement du 13 novembre 1620) qui a régi l'ancienne Université jusqu'à sa suppression (1793), les études redevinrent florissantes et le nombre des écoliers fut si considérable qu'il nécessita, dans le diocèse de Séez, la création du premier collège local (1639).

Quelque temps après (1689), les Jésuites installèrent, à Alençon, un pensionnat qu'ils dirigèrent jusqu'en 1762.

Ces derniers, en effet, avaient toujours continué leur enseignement, malgré les arrêts qui les condamnaient.

En 1598, ils se répandaient déjà dans les provinces : à Tournon, Douai et Pont-à-Mousson.

Trois ans plus tard, ils étaient réinstallés dans leur établissement de la rue Saint-Jacques, et, sous Louis XIII, autorisés (1610) à faire des leçons publiques de toutes sciences, autorisation confirmée par un arrêt du conseil du 15 février 1618.

Cependant, ils furent définitivement expulsés par l'arrêt du 6 août 1762, époque à laquelle un collège royal succéda immédiatement au pensionnat qu'ils dirigeaient à Alençon.

C'est alors que le Parlement de Paris voulut imprimer à l'éducation publique le caractère d'éducation nationale par l'uniformité dans l'enseignement; mais si le vaste projet du président Rolland n'était point une utopie, comme l'*Émile* de Rousseau, le temps n'était pas encore venu de mettre en pratique la grande et utile réforme qu'il proposait.

Bientôt la Révolution éclatait, faisant disparaître les 562 collèges qui existaient avec une population de 72,000 élèves.

Lorsque, le calme un peu rétabli, le gouvernement

décida, le 25 février 1795, la création d'écoles centrales, celle du département de l'Orne, en exécution de la loi du 3 brumaire an IV, fut placée dans la ville de Séez, pour être, bientôt après (loi du Corps législatif du 2 fructidor an VI) transférée à Alençon, où elle fut inaugurée le 20 ventôse an VII.

Pendant ce temps, le territoire de l'arrondissement actuel d'Argentan ne possédait qu'un seul collège, celui de Rabodanges. (Chrétien, *Almanach argenténois pour 1836;* bibliothèque de la ville.)

Rabodanges était une paroisse de la vicomté de Falaise, et il est permis de supposer ou que son collège n'avait pas grand renom ou qu'il était, en 1789, de création bien récente, car il n'en est pas question dans la description géographique de la Normandie. (Dumoulin, MDCCLIV, t. IV, p. 129 ; bibliothèque de la ville).

La ville d'Argentan paraissait même éprouver une certaine répugnance à voir l'instruction se propager parmi les habitants.

En 1614, les Capucins ayant été introduits à Argentan par Jacques Camus de Pontcarré, évêque de Séez (Maneville; Langevin, *Recherches historiques sur Falaise, 1814*), les Jésuites voulurent s'y installer en même temps, dans le but de fonder un collège pour l'instruction publique; mais cet établissement, bien qu'avantageux pour la ville, ne fut point adopté

par les principaux habitants : « Pour priver, dit un
» historien de ce siècle, le peuple de l'occasion de
» s'instruire et l'empêcher de les égaler en science,
» eux et les leurs. (L'abbé de Courteilles, *Manuscrit
sur Argentan,* p. 642 ; du Paty-Herembert, p. 191 ;
Maneville, t. VI, p. 360 ; bibliothèque de la ville.)

La préférence fut donnée aux Capucins qui ne cons-
tituaient pas un ordre enseignant.

A la suite d'une requête présentée par eux, en
1610, au corps municipal pour leur admission, la
ville leur fit don du terrain sur lequel se trouve
aujourd'hui le collège ; la fabrique de Saint-Ger-
main y ajouta une parcelle qu'elle avait acquise dans
ce but ; des souscriptions et cotisations formèrent un
fonds suffisant pour que les constructions puissent
être commencées, et la première pierre de l'église fut
posée, le 31 mai 1621, par Jacques Rouxel, comte de
Grancey et seigneur de Médavy, gouverneur d'Argentan, depuis maréchal de France, commandant
général de la province de Normandie.

Ce couvent eût un certain renom : quatre chapi-
tres provinciaux y furent tenus en 1645, 1664, 1684
et 1693. Ce fut aussi dans cette maison que l'abbé de
Vertot écrivit, au xvii° siècle, ses *Révolutions de
Portugal* et son *Histoire de Malte,* qui devaient
lui ouvrir les portes de l'Académie des Inscriptions et
Belles-Lettres.

Mais les Capucins sont dispersés par la Révolution, et les bâtiments, devenus propriété nationale, affectés, pour la partie non encore aliénée, à l'établissement de l'école secondaire autorisée par un arrêté du gouvernement, en date du 9 floréal an XI (29 avril 1803) (1).

Il est curieux de voir, à près de deux cents ans de distance, l'enseignement se donner pour la première fois à Argentan sur le terrain autrefois refusé aux Jésuites pour y fonder un collège.

Ces derniers d'ailleurs avaient été persévérants ; malgré l'opposition du corps municipal, ils avaient établi une mission dans l'ancienne forteresse de la ville et dans des maisons usurpées au domaine de la Couronne. La protection d'une partie de la noblesse aurait même réussi à faire triompher leur projet, si l'on ne s'était servi, pour les expulser, des termes de l'édit de 1666, défendant les nouveaux établissements de maisons religieuses sans lettres patentes, licence qu'ils n'avaient pu obtenir. *(Dénonciation à nos seigneurs du Parlement de Normandie sur la conduite des Jésuites dans la Province, MDCCLXII ; bibliothèque de la ville.)*

---

(1) La loi du 11 floréal an X avait fondé les lycées et les établissements communaux sous le nom d'écoles secondaires.

2

II

LE COLLÈGE D'ARGENTAN

Jusqu'à l'époque de la création du collège, aucun document ne permet de constater qu'il existât à Argentan de maison d'éducation. La preuve n'en ressort ni des registres des paroisses, ni des manuscrits des curés, ni des archives de la préfecture et de l'évêché, ni des registres de délibérations du conseil de ville, ni du rapport des intendants.

L'enseignement primaire se donnait, cependant, dans des écoles sans importance qui disparurent aussitôt et dont les instituteurs, les citoyens Gouthier et Paris, se proposèrent même pour obtenir le titre de directeur du nouvel établissement.

Le premier fut agréé le 18 ventôse an XII, pendant que les citoyens Hervieu, ancien professeur de philosophie à Falaise, et Anquetin, précédemment régent de rhétorique au collège de Séez, recevaient leurs commissions de professeurs.

Leur installation, fixée au 1er germinal suivant, à neuf heures du matin, eût lieu avec le concours de toutes les autorités civiles et militaires, et les classes, au nombre de trois seulement (1ʳᵉ et 2ᵉ, 3ᵉ et 4ᵉ, 5ᵉ et 6ᵉ), s'ouvrirent pour la première fois, le 15 germinal an XII, jeudi 5 avril 1804. (Bulletin des lois, n° 286.)

Il avait été décidé, par un arrêté du 3 germinal an XII, qu'il y aurait des pensionnaires, des demi-pensionnaires et des externes.

Un mois après la fondation du collège, le 8 floréal an XII, il y avait déjà 38 élèves.

Mais, à la suite de temps pendant lesquels l'instruction publique n'existait plus et était, en quelque sorte, restée en dépôt chez des instituteurs particuliers, chargés d'instruire un grand nombre d'enfants inégalement avancés, la tâche était difficile pour les nouveaux professeurs.

Ceux-ci s'aperçurent bientôt que les heures ordinaires de classes seraient insuffisantes et ils s'entendirent pour donner, chaque jour, matin et soir, plusieurs heures de plus à leurs élèves, afin de leur rappeler les principes, connaître véritablement leurs forces et parvenir successivement à les classer suivant la division d'enseignement adoptée par la loi.

L'empressement des élèves était à la hauteur de la bonne volonté que témoignaient leurs professeurs en s'imposant ce surcroît de travail; déjà tout promettait les plus heureux résultats; on pouvait espérer que l'école répondrait à l'attente publique ainsi qu'aux soins journaliers que son directeur, la commune et le bureau d'administration se donnaient pour la faire prospérer.

Aussi, à cette même date (8 floréal an XII), on prévenait officiellement le conseiller d'État, chargé de l'instruction publique, que l'école était en pleine activité et on le remerciait de l'intérêt qu'il avait bien voulu prendre à cet établissement. (Archives du collège.)

Le 2 germinal an XIII, le personnel est augmenté d'un maître d'études dont le directeur et les professeurs avaient jusque là alternativement rempli les fonctions.

Le premier directeur ne peut pas jouir longtemps du succès toujours croissant de ses efforts. Il meurt le 18 floréal an XIII, et, aussitôt, deux hommes distingués se présentent pour lui succéder : MM. Guitton, maire d'Almenesches, « qui avait fait avec des » succès marqués ses études dans les collèges de » Paris et s'était particulièrement appliqué, avec » beaucoup d'avantage, à l'étude des mathémati- » ques, » et Decot, maire d'Écouché. M. Guitton l'emporte sur son concurrent. Il est nommé par un arrêté du ministre de l'intérieur du 28 messidor an XIII, et prête serment de fidélité à l'Empereur le 20 fructidor suivant.

Presque au même moment, le 19 prairial an XIII, l'établissement fait une nouvelle perte : M. Anquetin, professeur des 3e et 4e classes, est obligé, à raison du mauvais état de sa santé, de donner sa démission ; il est remplacé par M. Blescher, ancien professeur de 4e au collège de Séez.

Un commencement d'insubordination se déclare à l'installation du nouveau personnel (11 brumaire an XIV), mais il est vite et facilement réprimé par l'énergique attitude de M. Guitton, qui oblige les mutins à faire des excuses publiques à M. Chevalier, le vétéran des professeurs, auquel ils avaient manqués de respect.

Il est permis de supposer que les débuts du second directeur furent pénibles, car, le 30 frimaire an XIV, M. Blescher, le professeur récemment nommé, voulut donner sa démission sans motif apparent ; néanmoins, il renonça momentanément à son projet sur les remontrances qui lui furent faites, et bientôt, le nombre des élèves augmentant, un nouveau professeur fut adjoint au collège, le 8 mars 1806, M. Alleaume, ancien régent au collège de Séez, qui fut chargé de la 1re et de la 2e classes de latin.

Déjà la prospérité du collège était telle qu'on pouvait élever d'une manière assez sensible les traitements des professeurs, sans augmenter les prix de pension payés par les élèves, et qu'on attachait à

l'école (8 novembre 1806) un maître gratuit de calcul et d'écriture dont le travail était journalier. Il
devait enseigner l'écriture, le matin de onze heures
et demie à midi, et le calcul de cinq à six heures du
soir.

Pour que ses heures de leçon fussent bien employées, il lui était interdit, pendant le temps des
cours, de s'occuper « à faire des exemples ou à tailler
» les plumes des élèves. » (Archives du collège.)

A la même époque, le jardin de l'établissement,
très négligé jusque-là, était planté d'arbres fruitiers
(224 plants).

En 1807, l'école d'Argentan paraît être la première qui ait pris l'initiative d'une réforme dans
le système des distributions de prix et récompenses. Contrairement, en effet, à ce qui se passait
dans les anciens collèges et à l'état de choses admis
alors dans les lycées (1), il fut décidé que les prix ne
seraient plus attribués d'après le résultat de la dernière composition, mais en combinant les différentes
places obtenues dans des compositions trimestrielles.
Le but de cette mesure était de répartir les succès
scolaires entre les élèves qui s'étaient distinguées
pendant tout le cours de l'année, au lieu de les don-

____

(1) Avec cette différence que dans les lycées les distributions de prix étaient
trimestrielles.

ner à ceux de leurs condisciples, inférieurs en mérite, qui devaient seulement à une heureuse composition la récompense que le travail habituel des
premiers semblait leur promettre.

Dans la même année 1807, se relève un fait qui
permet d'apprécier le point où les études étaient
tombées. La sphère dont on se servait pour l'enseignement était d'un modèle si ancien qu'elle indui-
sait les élèves en erreur et qu'elle ne pouvait démon-
trer, « ce qui est généralement admis avec les
» nouvelles connaissances astronomiques, que le
» soleil est immobile et que c'est la terre qui tourne. »
(Rapport à la municipalité en date du 28 novembre
1807.) M. le Maire d'Argentan fut donc invité à
faire l'acquisition « de la machine astronomique
» inventée par M. Gourdon et annoncée avantageu-
» sement dans les journaux, » ainsi que de cartes
de France, suivant la nouvelle division.

Le nombre des élèves s'accroît encore; au commencement de 1808, il faut faire réparer des bâtiments
inoccupés afin de loger les pensionnaires, il faut
aussi réclamer au gouvernement un quatrième professeur chargé de la 6° et 5° classe au lieu et place
de M. Chevalier, largement occupé par l'instruction
des commençants.

C'est en 1810 que l'école secondaire d'Argentan
prend officiellement, pour la première fois, le titre

de collège communal, donné dès 1808 aux établissements de cette nature.

Le nombre des professeurs augmente, les classes réunies sont divisées; mais, bientôt le budget n'est pas suffisant pour faire face à ces dépenses et des motifs d'économie nécessitent la réduction des sept régents de littérature à quatre seulement (1818).

Le 1ᵉʳ août 1816, M. l'abbé Legris était présenté pour remplir les fonctions de Principal pendant qu'un aumônier était attaché à l'établissement.

Déjà le collège pouvait recruter ses professeurs parmi ses anciens élèves : le 7 octobre 1820, M Laurent, « qui avait fait avec distinction ses études au » collège d'Argentan où il avait obtenu tous les ans » le prix d'excellence, » était proposé pour la place de régent des quatrième et cinquième classes. (Archives du collège.)

Mais, si M. l'abbé Legris, qui cumulait avec les fonctions de Principal celles de professeur de rhétorique, avait les talents et l'instruction nécessaires pour la chaire qui lui était confiée, il ne possédait peut-être pas les qualités essentielles pour la tenue et la bonne régie d'un pensionnat, qui sont, comme le faisait justement remarquer le bureau d'administration dans une lettre à M. le Recteur, en date du 27 août 1822, « l'âme des collèges et le porte-voix » ordinaire de leur réputation. »

Depuis le commencement de l'administration de M. Legris, tout accroissement s'était arrêté ; peu à peu le nombre des élèves avait diminué, à tel point qu'il ne restait que sept pensionnaires, à la fin de l'année 1822.

Différentes tentatives furent faites auprès de ce principal pour l'engager à donner sa démission, mais il s'y refusait, lorsque la mort vint le frapper, le 22 avril 1823.

Dans la situation où se trouvait le collége, il fallait pour le relever un homme ayant déjà fait ses preuves ; il n'y eût aucune hésitation sur le choix : M. Guitton de Surosne (1), le principal, qui, depuis l'an XIII jusqu'en 1816, s'était déjà consacré tout entier à l'établissement, fut nommé par arrêté du 20 septembre 1823.

M. Guitton s'était retiré en 1816 par raison de santé ; son retour à la tête du collége fut accueilli avec le plus grand enthousiasme.

Il est curieux de lire le compte-rendu de son installation pour se pénétrer de la joie générale et apprécier sainement le sentiment public au sujet de la précédente administration :

« Le serment prêté, la musique s'est fait entendre » et les tambours ont battu au champ.

---

(1) Ou de Surône.

» Ensuite, nous nous sommes rendus en cortège à
» l'église, précédés des tambours et de la musique,
» pour y entendre la messe du Saint-Esprit, célébrée
» par M. le Curé d'Argentan, assisté de tout son
» clergé.

» Après la cérémonie, le cortège est sorti de l'é-
» glise, et les différentes autorités civiles et mili-
» taires, toujours précédées des tambours et de la
» musique, ont reconduit M. Guitton de Surosne au
» collège et lui ont exprimé de nouveau leur satis-
» faction de le voir appelé, pour la seconde fois, à la
» tête de ce précieux établissement. » (Procès-verbal
d'installation adressé à M. le Recteur le 13 octobre
1823; archives du collège.)

Le nouveau principal prend l'initiative de réformes urgentes au sujet de l'enseignement. L'organisation des classes était vicieuse, en ce sens que la
seconde était réunie à la rhétorique exigeant seule
tous les soins d'un régent; que la troisième, classe
d'humanité, était mal assortie avec la quatrième,
classe de grammaire; de même que la cinquième, où
l'on doit commencer l'étude de la langue grecque,
avec la sixième.

Aussi, à partir du 1er octobre 1826, une modifica-
tion radicale est apportée à cet état de choses.

A la même époque, la chaire de M. Laurent, étant
devenue vacante par suite de son décès arrivé le

21 août 1826, son successeur, M. Leguerney, est pris, comme lui, parmi les anciens élèves du collège et son choix est motivé sur ce qu'il a remporté tous les premiers prix en rhétorique.

M. Guitton avait pleinement justifié la confiance dont on l'avait honoré ; en octobre 1826, trois ans après son retour, le nombre des élèves s'était augmenté de quatre-vingts. La création d'une chaire de philosophie, due aux sollicitations de ce principal, vint encore contribuer à l'accroissement et à la prospérité du collège (1827).

Mais M. Guitton de Surosne, après sept années de dévouement, fut obligé par l'âge de quitter le poste où il s'était rendu si utile ; il fut admis à faire valoir ses droits à la retraite en octobre 1830.

« Ce fut un bonheur pour le collège, faisait remar-
» quer, le 13 août 1845, dans un discours prononcé
» à la distribution des prix, le maire d'Argentan,
» M. Lautour, ce fut un bonheur pour le collège
» d'avoir à sa tête, dès l'origine, un principal qui
» s'occupât plus de préparer le succès que de le réa-
» liser ; qui en assemblât en quelque sorte les ma-
» tériaux par l'accroissement du personnel et l'amé-
» lioration des moyens d'enseignement ; qui com-
» mençât enfin la réputation du collège, sans en
» presser le développement.

» De tels hommes sont rares de nos jours où, trop

» peu soucieux de l'avenir, chacun de nous se plaît
» à récolter ce qu'il a semé

» Pendant vingt-cinq ans, le principal fit consister
» ses devoirs à conserver, à accroître la considéra-
» tion due à la maison dont il était le chef, sans
» hâter le moment d'en recueillir les fruits.

» Nous l'avons tous connu, estimé, honoré dans
» sa retraite ; mais il fallait avoir été son élève pour
» bien comprendre tout ce que son extérieur simple
» et froid cachait de bonté patiente, de zèle éclairé,
» d'affection tendre pour la jeunesse. Les qualités
» de son cœur faisaient sa force. Le calme qui ne le
» quittait jamais au milieu même des difficultés,
» prévenait le découragement, comme sa douceur
» inaltérable amollissait les résistances. Pas un en-
» fant n'eût osé mentir devant un homme qui était
» la vérité, la loyauté même ; et tous, professeurs
» et élèves, aimaient en lui un ami indulgent pour
» les autres, sévère pour lui seul. »

Son départ fut tellement regretté que son successeur, M. l'abbé Chartrier, bachelier ès-lettres, principal du collège de Séez, nommé provisoirement en
son remplacement, eût beaucoup de peine à dissiper
les préventions des parents et à inspirer la confiance.

Il n'eût, pendant la première année, que trente-
six pensionnaires ou demi-pensionnaires. Aussi, dès

le 1er juillet 1832, il était remplacé par M. l'abbé Leguerney, cet ancien élève du collège qui avait succédé à M. Laurent comme professeur, en 1826, et qui, au moment de sa nomination, occupait la chaire de philosophie. (Arrêté du 19 juin 1832.)

L'allocation donnée au collège par la ville venait d'être réduite brusquement de 7,975 fr. à 5,300 fr. et la rétribution scolaire n'étant que de 2,720 fr., il fallut parer aux difficultés en opérant la réunion de plusieurs classes, c'est-à-dire revenir à l'ancienne organisation réformée par M. Guitton.

Cependant, à la même époque, on s'occupait d'établir, dans le collège, une classe préparatoire de français, école primaire annexe.

Bientôt l'établissement se relève sous l'intelligente direction de M. Leguerney; dès 1833, il est permis de revenir sur la réunion des classes, en isolant la rhétorique; enfin, en 1834, l'augmentation du nombre des élèves est telle que l'exercice se solde par un boni de 1,685 fr. 50, dont 937 fr. 33 sont immédiatement employés, dans l'intérieur du collège, à des dépenses de matériel et de restauration. Le boni de l'exercice suivant, permet également de consacrer 1,074 fr. à des travaux supplémentaires et imprévus dans le nouveau bâtiment que la ville faisait construire pour augmenter le collège et qui devint bientôt insuffisant, puisqu'en 1837 la municipalité se voyait obligée de faire convertir en dortoirs les anciennes chambres des professeurs.

Pendant que la prospérité matérielle de l'établissement s'accusait tous les jours davantage, l'enseignement suivait également une marche ascendante. Le 15 juin 1837, M. l'Inspecteur d'Académie affirmait : « Que la septième était une classe modèle, » que les élèves de rhétorique faisaient preuve de » talents plus qu'ordinaires, que la philosophie » l'avait pleinement satisfait et que cette classe était » ce qu'il avait rencontré de mieux jusqu'alors dans » les collèges communaux de tout le ressort acadé- » mique. » (Archives du collège.)

Mais il ajoutait que la réunion des classes de 5e et de 4e, de 3e et de 2e, était une cause de faiblesse pour chacune. Aussi, d'après ses conseils, la ville d'Argentan, prévenant les dispositions législatives sur l'enseignement secondaire et prouvant de la sorte la satisfaction qu'elle éprouvait des résultats obtenus ainsi que sa foi dans l'avenir, provoquait la séparation de ces deux classes. C'était un grand pas dans la voie du progrès, la réalisation du rêve de M. Guitton, en 1826. Le collège d'Argentan était définitivement et solidement fondé.

L'école primaire, annexée au collège en 1832, comprenait déjà, en 1838, plusieurs divisions; ses recettes s'élevaient, pour 1836, à 1,478 fr., tandis que ses dépenses ne dépassaient pas 1,000 fr. et le boni de 1837 était de 635 fr., avec une augmentation de 472 fr. de recettes sur l'exercice précédent.

Pendant la même période, les excédants de recettes des exercices 1836, 1837 et 1838 étaient utilement employés à la construction d'un parloir, d'une loge de portier, de murs de séparation entre les cours de récréation et à des améliorations dans l'infirmerie et les bâtiments neufs.

En 1839, le collège renfermant quatre-vingt-dix pensionnaires, M. Leguerney s'occupait de faire disposer une chapelle dans une pièce au rez-de-chaussée des nouvelles constructions et avançait personnellement les frais de premier établissement.

Il fallut alors songer à donner au principal quelqu'un qui put le seconder dans la surveillance générale : M. Lechallier, professeur, fut nommé sous-principal.

Au mois de mars 1840, on adopte pour les pensionnaires un uniforme dont l'usage est d'abord facultatif, mais qui devient obligatoire à la rentrée des classes en 1841, sauf pour les élèves de philosophie qui en sont dispensés.

Le commencement de l'année 1841 fait espérer des résultats encore plus brillants que ceux des exercices précédents; une fois de plus, on augmente l'étendue des dortoirs ; vingt-six nouveaux élèves sont inscrits en 1842, date à laquelle la situation présente cent quarante internes, et il devient nécessaire d'organiser un établissement provisoire dans les salles de l'hôtel-de-ville, en attendant que de nouvelles constructions permettent de réunir dans la même enceinte toute la population du collège.

Mais, avant de faire les dépenses des travaux rendus urgents par la prospérité croissante du collège, la ville d'Argentan, comprenant que M. Leguerney lui était indispensable, voulut s'assurer son concours pour une période de dix ans à compter du 1er octobre 1843, et, renonçant à régir son collège, le mit au compte du principal. Par un traité passé à cette date entre la ville et M. Leguerney, ce dernier prit l'engagement de faire de ses deniers personnels l'avance d'une somme de 16,000 fr., moitié de celle de 32,000 fr. jugée nécessaire pour l'édification de bâtiments suffisants au logement de cent quatre-vingt-dix internes et pour les aménagements et améliorations à introduire dans le local déjà existant.

On comptait, alors, deux cent vingt-cinq élèves, dont quarante-trois dans cette seule classe de septième, tant vantée déjà en 1837 par M. l'Inspecteur d'Académie.

Le nom de M Leguerney doit, à juste titre, être populaire à Argentan. Zèle, activité, intelligence, il a tout employé, tout dépensé pour le collège, il y a consacré sa vie. Sous une semblable direction et avec un tel exemple, le dévouement était devenu une habitude pour les professeurs ; il faudrait tous les citer, à cette époque, mais l'un d'eux surtout mérite l'hommage d'une mention spéciale.

M. Lechallier, sous-principal, indépendamment de ses attributions de surveillance, occupait la chaire de cinquième, et trouvait encore le temps de donner à la classe de philosophie des répétitions gratuites de mathématiques et de physique qui ont puissamment contribué aux succès des élèves dans les examens des baccalauréats ès-lettres et ès-sciences (1).

« Il passe, dit M. Leguerney dans un rapport,
» toutes ses vacances à Paris, exclusivement occupé
» à l'étude des sciences. Sa manière d'enseigner
» claire, méthodique est parfaitement propre à aplanir les difficultés aux élèves. Il jouit de l'estime
» de ceux-ci et a sur leurs esprits tout l'ascendant
» nécessaire pour en obtenir l'attention et le travail
» sans contrainte ni punition. » (Archives du collège.)

Les années suivantes voient encore accroître le nombre des internes, qui s'élève à 207 en 1844, obligeant, une seconde fois, malgré les constructions nouvelles, à recourir à une salle de l'hôtel-de-ville.

---

(1) En 1842, tous les élèves de philosophie, sans exception, se sont présentés aux examens et ont tous été reçus.

En 1846, la ville d'Argentan avait déjà dépensé, depuis dix ans, plus de 60,000 fr. pour doter son collège de belles salles d'études, de vastes dortoirs, d'un grand réfectoire et d'une chapelle. Il ne manquait plus, afin que l'installation fût complète, qu'un local permettant d'isoler quatre classes, mais les charges du budget communal étaient lourdes et toutes les économies en prévision absorbées par l'installation de nouvelles halles, d'une maison d'école, d'une salle d'asile et d'un ouvroir pour les jeunes filles.

Il fallut, pour la première fois, avoir recours à l'Etat et lui demander, à titre de subvention, de se charger, pendant trois ans, du traitement de la chaire de rhétorique, à l'effet d'affecter la dotation de cette chaire à la construction des quatre classes.

L'établissement des institutions républicaines, en 1848, ne trouble en aucune manière l'esprit d'ordre et de discipline qui règne dans le collège d'Argentan; mais bientôt le bruit court que la position du principal est menacée; aussitôt se manifestent quelques oppositions immédiatement réprimées par l'attitude énergique de M. Leguerney.

La gêne des familles, dans les deux années qui suivent et les effets de la loi de 1850 sur la liberté de l'enseignement, arrêtent un moment l'impulsion donnée et le mouvement d'accroissement. Pendant

que « le premier des lycées de Paris, celui de Louis-
» le-Grand, perdant une centaine de ses élèves, le
» collège Henri IV, déchu de son ancienne fortune, et
» le collège de Saint-Louis, plus affaibli encore,
» demandaient des subsides, exemple suivi par
» beaucoup de lycées de province en détresse (*L'Or-*
» *dre* n° du 11 avril 1850) », le collège d'Argentan,
quoique fort éprouvé, maintenait les traitements de
ses professeurs au taux où ils avaient été portés en
1845. Cependant, depuis la révolution de février, il
avait perdu 77 élèves, n'en ayant plus, le 13 mai
1850, que 250, parmi lesquels 151 pensionnaires.

La diminution du nombre des élèves étant alors
un fait général, indépendant des circonstances parti-
culières à chaque localité, ne pouvait en rien l'attein-
dre dans sa réputation ou sa vitalité.

Le second établissement d'instruction secondaire
de l'Académie, il devait nécessairement souffrir plus
que les autres. Le lycée de Caen, le plus considérable, le seul qui l'emportât sur lui, n'avait-il pas
152 élèves de moins; Lisieux, 37; Bayeux, 47; Coutances, 62? Aussi, pendant que les autres villes
augmentaient leurs subventions, les élevant, Lisieux, de 8,550 (budget de 1842), à 12,990 fr.; Saint-
Lô, de 11,775 à 14,775 fr.; Cherbourg, de 13,080 à
19,294 fr., Argentan n'avait pas besoin de grever
plus fortement son budget pour soutenir le collège.

Celui-ci, le moins subventionné d'ailleurs, occupait toujours le premier rang parmi les collèges communaux de l'Académie, à raison de sa population interne. Il l'emportait sur celui de Coutances qui avait deux prix de pension, sur celui de Cherbourg qui possédait une école préparatoire de marine, avec des bourses entretenues par l'Etat. Son internat surpassait d'un tiers ceux de Bayeux et de Lisieux, jouissant néanmoins d'une réputation méritée et était même cinq fois plus nombreux que celui de Falaise, doté d'une subvention de 10,000 fr. Enfin, le lycée de Caen, avec ses boursiers, n'avait que trois internes de plus que lui (154).

Le tableau suivant fera, d'ailleurs, mieux ressortir les différences (4 mai 1850) :

COLLÈGES.	POPULATION INTERNE.	SUBVENTION ANNUELLE.	
Argentan	151	5500	»
Coutances	146	8196	»
Bayeux	103	11601	»
Lisieux	99	12990	20
Cherbourg	88	19201	»
Valognes	56	8100	»
Vire	45	6593	08
Avranches	36	10037	»
Falaise	29	10070	»
Saint-Lô	pas d'internat	14175	»

Pendant cette même année 1850, les élèves des classes latines étaient ainsi répartis :

Philosophie	17
Rhétorique	7
Seconde	17
Troisième	27
Quatrième	25
Cinquième	14
Sixième	21
Septième	15
Huitième	16
TOTAL	159

Il y avait quatre maîtres d'études (avant 1848 on en comptait jusqu'à 7), un cinquième leur fut adjoint au commencement de 1851.

On avait trop présumé cependant des ressources pécuniaires du collège ; la ville fut obligée, en 1851, d'augmenter sa subvention de 1,000 fr., en la portant à 6,500 fr.

Au moment où la bifurcation des études est décidée (1852), différentes modifications importantes sont apportées dans l'établissement ; un second professeur de sciences est nommé (septembre) ; le cabinet de physique reçoit de nouveaux instruments ainsi que des collections scientifiques, et M. Leguerney se charge lui-même d'un cours préparatoire et d'un cours de géologie.

On cherche à réaliser sur d'autres points les éco-

nomies nécessaires pour solder les dépenses nouvelles.

M. Lechallier, sous-principal, ayant été appelé,
en novembre 1850, à la direction de l'école normale
du Calvados, n'est pas remplacé (1) ; les fonctions de
l'aumônier sont remplies par les ecclésiastiques atta-
chés au collège, et le régent spécial d'histoire sup-
primé, chaque professeur le supplée dans sa classe.

Malgré ces réformes et la plus stricte économie, la
ville est obligée de donner, en 1854, une subvention
de 8,300 fr., tout en faisant encore la dépense de
certaines constructions nécessitées par l'insuffisance
des salles consacrées aux différentes classes.

Cependant le collège jouissait d'une réputation
méritée, et le conseil académique, appelé pour la
troisième fois à exposer, conformément à l'art. 16 de
la loi organique, la situation de l'enseignement dans
le département de l'Orne, s'exprimait ainsi sur son
compte (procès-verbal des séances du Conseil général, 1853) :

« Depuis longtemps administré par un ecclésias-
» tique jouissant d'une confiance méritée, le collège
» communal d'Argentan offre un personnel qui con-
» tribue, sous tous les rapports, à la prospérité de
» l'établissement et donne de sérieuses garanties. »

---

(1) Il ne le fut officiellement qu'en janvier 1854 par M. Fouques.

L'année suivante, la même autorité affirmait (session de 1854, loc. cit.) que « le personnel s'était » montré, sans exception aucune, digne de sa mission, » et concluait en ces termes :

« Somme toute, l'état du collège d'Argentan qui » s'est maintenu pour le nombre, témoigne d'efforts » réels pour établir toute l'uniformité désirable dans » la direction des études et l'emploi des méthodes. »

Le 24 août 1856, M. Leguerney est frappé d'une congestion cérébrale ; ses médecins l'obligent à prendre du repos et à donner sa démission. Il se retire le 16 octobre 1856, laissant à son successeur, M. l'abbé Sassier, nommé par arrêté du 27 novembre précédent, un établissement en pleine prospérité.

M. Sassier n'avait qu'à suivre les exemples de son prédécesseur. Il s'efforça d'abord de combler les lacunes qui pouvaient encore exister dans le matériel de l'enseignement et provoqua, dès le mois d'avril 1857, l'acquisition d'une machine pneumatique pour le cabinet de physique. Au mois de mai, il demandait et obtenait l'augmentation du traitement des professeurs. Mais il ne pouvait de prime-abord obtenir la confiance qu'une gestion de 25 ans, accompagnée des plus brillants résultats, avait méritée à M. Leguerney.

Pendant que le nombre des élèves diminue, la subvention de la ville augmente ; de 8,630 fr. en 1858, elle s'élève à 12,217 fr. 40 en 1859 et à 11,945 fr. en 1860, tandis que les internes, qui étaient 148 en 1857, ne sont plus que 122 en 1858 et 106 en 1859. — On supprime, en même temps, la classe intermédiaire de français, devenue inutile à raison du peu d'enfants qu'elle renfermait, mais elle est rétablie, l'année suivante, avec 80 élèves.

Bientôt le travail et les soins continuels qu'exige la direction ayant gravement compromis la santé de M. Sassier, l'obligent à donner sa démission, le 21 mai 1860. Il est remplacé, le 6 août suivant, par M. l'abbé Couppey, officier de l'instruction publique, nommé par arrêté ministériel du 18 juillet.

Le traité intervenu entre le conseil municipal et M. Couppey fut le même que celui passé avec son prédécesseur. La ville prit à sa charge les traitements et indemnités des professeurs, conservant, pour se couvrir de ces dépenses, la perception des rétributions scolaires; le pensionnat resta en entier au compte du Principal.

Les dépenses augmentent, les charges de la ville deviennent de plus en plus lourdes. En 1861, la subvention est de 12,658 fr. 32, en 1862 de 14,678 fr. 06, en 1863 de 15,530 fr. ; il faut élever de 5 fr. la rétribution collégiale payée à la ville par les élèves et la porter à 60 fr. à partir du 1er janvier 1863.

En 1861, M. Lemarignier lègue, par son testament,

au collège d'Argentan, une somme annuelle de 80 fr. pour assurer l'instruction d'un membre de sa famille, ou, à son défaut, d'un indigent.

En 1867, M. l'abbé Couppey donne sa démission de Principal. Il est remplacé par M. Locard, licencié ès-lettres, Principal du collège de Falaise, nommé par arrêté ministériel du 2 septembre.

Le collège avait encore perdu sous la direction de M. Couppey. Celui-ci l'avait pris, en 1860, avec 110 internes, 28 externes et 49 élèves de l'école primaire ; il le quitte, en 1867, avec 86 internes, 45 externes et 31 débutants. D'un autre côté, les dépenses avaient augmenté, la subvention municipale de 11,945 fr., chiffre de 1860, était montée à 16,280 fr.

La situation était bonne, mais il y avait encore fort à faire pour revenir aux jours de prospérité qu'avait connus le collège lorsque M. Leguerney était à sa tête.

Le nouveau Principal, directeur laïque, inaugure une ère nouvelle, car, depuis 1830, les chefs de l'établissement avaient toujours été des ecclésiastiques. L'administration de M. Locard est l'histoire contemporaine du collège qu'il dirige toujours, il devient donc malaisé de l'apprécier sans paraître un flatteur. Il faut se borner à suivre rapidement la période de 1867 à 1878 et laisser aux chiffres leur éloquence.

En 1868, une notable amélioration est introduite

dans les dortoirs, les paillasses vieilles et usées sont remplacées par des sommiers élastiques.

Le 2 novembre 1868, on comptait déjà 191 élèves. Au commencement de l'année scolaire 1868-1869, le dévouement de deux professeurs qui consentent à un surcroît de travail permet de donner à la classe préparatoire des cours complètement distincts.

Le temps d'arrêt est fini, le collège va reprendre un nouvel essor.

Dès 1868, le préfet de l'Orne, dans son rapport au Conseil général, après avoir fait ressortir que le collège d'Argentan avait eu à subir l'épreuve toujours délicate qui est la conséquence d'un changement de Principal, s'exprime ainsi :

« L'honorable successeur de M. l'abbé Couppey a
» su bientôt inspirer aux élèves et aux familles une
» confiance justement méritée, et aujourd'hui cet
» établissement continue à répondre à son ancienne
» réputation. »

L'enseignement de la gymnastique rendu obligatoire dans les collèges par un décret du 3 février 1869 est immédiatement organisé ; en même temps les élèves les plus âgés de la grande division sont exercés au maniement des armes.

En 1869, le nombre des élèves s'élève à 200.

Les malheurs de la guerre de 1870-1871 et la crainte de l'invasion prussienne retiennent dans leurs familles une cinquantaine de jeunes gens. On ne compte plus que 157 élèves au mois de décembre 1870.

Mais, malgré le concours de conditions moins favorables au travail et à la discipline, résultat de circonstances douloureuses, la population du collège montre un excellent esprit joint à une application sérieuse et constante ; la force des études se maintient au même niveau et les professeurs constatent, dans chaque classe, des progrès réels.

Dès le commencement de l'année scolaire 1871-1872, les vides occasionnés par les évènements sont comblés et la situation accuse 201 élèves bientôt réduits à 195, lorsque 6 d'entre eux sont reçus bacheliers (novembre). Ce nombre se décompose ainsi : 114 pensionnaires, 23 demi-pensionnaires et 58 externes.

Un cours de langue allemande est créé à la même époque.

En mars 1872, le jugement le plus favorable est exprimé sur l'enseignement donné dans le collège par deux inspecteurs généraux, à la suite de leur visite.

Dans cette même année 1872, M. Deplanche, ancien chirurgien de marine et conseiller municipal, offre au collège de magnifiques collections destinées à l'étude de l'histoire naturelle.

A la rentrée de 1872, une augmentation de 20 pensionnaires porte le nombre total des élèves à 211, et rend nécessaire la création d'une nouvelle chaire (1re année) dans le cours professionnel.

Mais, d'un autre côté, et malgré une élévation de 400 fr. dans les dépenses, par suite de l'augmentation du traitement de quelques professeurs, l'excédant de recettes obtenu permettait de diminuer de 1,000 fr. la subvention de la ville.

La progression de la population interne commence à devenir très sensible; en 1873, il y a 231 élèves dont 136 pensionnaires; en 1874, avec 5 internes de plus, ce nombre s'élève à 236, il atteint 264 en 1875, 286 en 1876, 303 en 1877 et 1878.

Un accroissemant aussi continu et aussi considérable obligeait la ville, en 1875, à faire de nouvelles constructions pour les dortoirs sur un devis de 10,000 fr., mais en même temps la subvention diminuait annuellement, malgré l'amélioration du sort des professeurs, et, en dix ans, subissait une réduction de 3,000 fr., qui ne la portait plus qu'à 13,500 fr. pour 1877, et enfin à 13,290 fr. pour 1878.

Au résumé rapide de l'histoire du collège d'Argentan, à cette esquisse jetée à grands traits, il faut joindre quelques renseignements statistiques pour mieux faire ressortir la marche ascendante et rapide de l'établissement. Les tableaux mis en annexes se chargeront de ce soin ; ils diront plus clairement que nous n'avons pu le faire ce qu'obtient l'intelligence des uns jointe au dévouement et aux sacrifices des autres.

La ville d'Argentan, noblement inspirée, n'a reculé devant aucune dépense pour donner au local l'importance qu'il a aujourd'hui, et pour assurer la prospérité de son collège. Le bureau d'administration, par une heureuse initiative, l'a secondée dans sa tâche, l'Université a regardé d'un œil bienveillant les progrès qu'elle encourageait et deux hommes honorables, merveilleusement doués pour répondre à la confiance qu'on leur accordait, ont su par leur habile direction, l'un, créer réellement le collège, l'autre, le rendre un des plus importants établissements d'instruction secondaire en France. Il est classé dans les huit premiers, sur le tableau général des collèges communaux au ministère de l'Instruction publique et son organisation est telle, sa vitalité à ce point assurée, qu'il est presque permis d'affirmer qu'il saura monter encore (1).

---

(1) Nous n'avons pas parlé des professeurs actuels, mais nous sommes certain que les noms de beaucoup d'entre eux seront associés, à juste titre, à ceux des chefs de l'établissement qui ont contribué à la prospérité du collège.

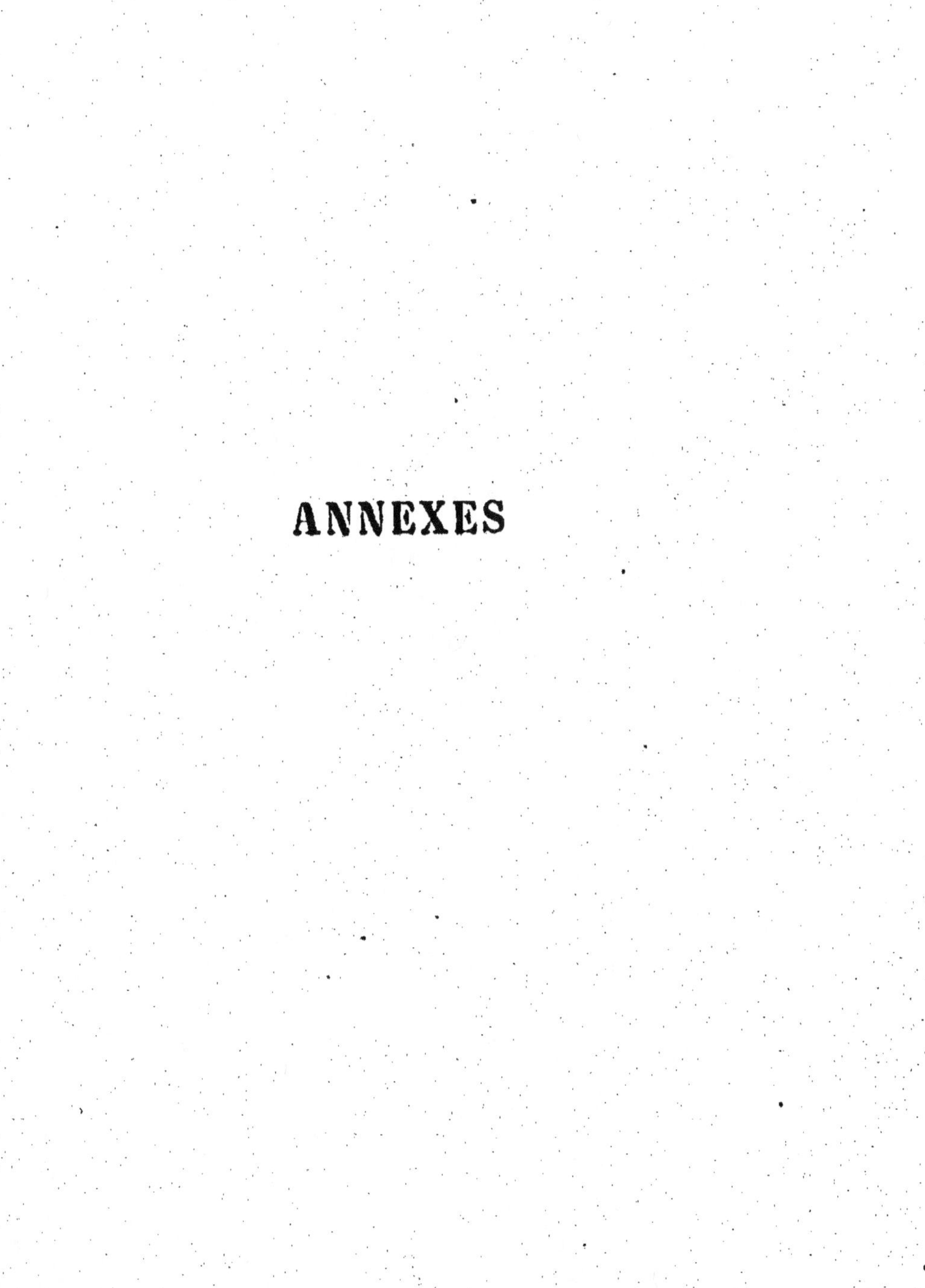

ANNEXES

Tableau nᵒ 1.

PRINCIPAUX

DEPUIS LA FONDATION DU COLLÈGE (AN XII)

MM.

GOUTHIER (18 ventôse an XII — 18 floréal an XIII).

GUITTON DE SURÔNE (28 messidor an XIII — 1ᵉʳ août 1816).

L'abbé LEGRIS (1ᵉʳ août 1816 — 22 avril 1823).

GUITTON DE SURÔNE (20 septembre 1823 — 4 octobre 1830).

L'abbé CHARTIER (4 octobre 1830 — 1ᵉʳ juillet 1832).

L'abbé LEGUERNEY (1ᵉʳ juillet 1832 — 16 octobre 1856).

L'abbé SASSIER (16 octobre 1856 — 6 août 1860).

L'abbé COUPPEY (6 août 1860 — 14 septembre 1867).

LOCARD (14 septembre 1867).

Tableau n° 2.　　　　　Nombre des Élèves. — Statistique des dix dernières années.

ANNÉES.	LATIN.	COURS PROFESSIONNEL	ENSEIGNEMENT primaire.	INTERNES		EXTERNES.	TOTAL.	OBSERVATIONS.
				Pension-naires.	1/2 pension-naires.			
1868	86	55	44	93	14	78	185	On relève, depuis la fondation du collège, les chiffres suivants :
1869	90	53	42	108	19	58	185	An XII, 38 élèves. — 1822, 7 pensionnaires.
1870	95	59	42	117	26	53	196	1830, 36 internes.
1871	78	45	47	86	18	66	170	1834, 33 internes, 39 externes (1).
1872	98	72	41	134	23	54	211	1839, 90 pensionnaires.
1873	102	79	50	136	30	65	231	1842, 225 élèves dont 140 internes.
1874	104	81	51	141	35	60	236	1844, 282 — 207 —
1875	125	84	55	173	40	51	264	1847, 327 — 228 —
1876	135	88	63	187	45	54	286	1850, 250 — 151 —
1877	144	101	58	197	47	59	303	1853, 236 — 141 — (2)
1878	157	93	52	198	41	63	302	1854, 248 — 132 — (3)

Observations (suite) :

1857, 258 — 148 —
1858, 145 — 122 —
1859, 135 — 106 —
1860, 159 — 110 —
1861, 132 — 94 —
1867, 162 — 86 —

(1) Odolant-Desnos, La France, Orne, 1834.
(2) Procès-verbal des séances du conseil général de l'Orne, année 1852. — (3) Même procès-verbal, session de 1854.

BUDGET DU COLLÈGE
ET SUBVENTION DE LA VILLE

ANNÉES.	DÉPENSES.	SUBVENTIONS.
An XII	2591 03	1598 05
1830	» »	7975 »
1832	8020 »	5300 »
1832 à 1851	» »	5500 »
1852	20275 »	6500 »
1853	20525 »	8300 »
1854	21200 »	8600 »
1855	23125 »	8600 »
1856	22625 »	8600 »
1857	23125 »	8600 »
1858	26665 »	8630 »
1859	26655 »	12217 »
1860	24630 »	11915 »
1861	21588 »	12658 »
1862	24903 »	14678 »
1863	25755 »	15530 »
1864	26130 »	15580 »
1865	25830 »	14980 »
1866	27130 »	16280 »
1867	27130 »	16280 »
1868	27230 »	15670 »
1869	27730 »	16515 »
1870	27070 »	15510 »
1871	28030 »	15510 »
1872	27830 »	16780 »
1873	28430 »	15910 »
1874	28530 »	15100 »
1875	29980 »	15380 »
1876	30130 »	13530 »
1877	30830 »	13500 »
1878	31730 »	13290 »

INSTRUCTION

TABLEAU STATISTIQUE indiquant : 1° la moyenne de dépense annuelle par élève; 2° la moyenne de la subvention communale par élève.

ANNÉES.	DÉPENSES.	SUBVEN-TION.	NOMBRE D'ÉLÈVES.	MOYENNE de la DÉPENSE par élève.	MOYENNE de la SUBVENTION par élève.
An XII	2591 03	1598 05	38	68 26	42 05
1831	» »	5500 »	72	» »	76 38
1842	» »	5500 »	225	» »	24 44
1844	» »	5500 »	282	» »	19 46
1847	» »	5500 »	327	» »	16 82
1850	» »	5500 »	250	» »	22 »
1853	20525 »	8300 »	236	86 96	35 16
1854	21200 »	8600 »	248	85 48	34 69
1857	23125 »	8600 »	258	89 63	33 33
1858	26665 »	8630 »	145	183 89	59 52
1859	26655 »	12217 »	135	197 44	90 49
1860	24630 »	11915 »	159	154 90	75 12
1861	24588 »	12658 »	132	186 27	95 89
1867	27130 »	16280 »	162	167 40	100 50
1868	27230 »	15670 »	185	147 19	84 70
1869	27730 »	16515 »	185	149 83	88 73
1870	27070 »	15510 »	196	138 11	79 13
1871	28030 »	15510 »	170	164 88	91 23
1872	27830 »	16780 »	211	131 51	79 52
1873	28480 »	15940 »	231	123 24	69 »
1874	28530 »	15100 »	236	116 65	63 98
1875	29980 »	15380 »	264	113 94	58 25
1876	30130 »	13530 »	286	105 35	47 30
1877	30830 »	13500 »	303	101 74	44 55
1878	31730 »	13290 »	302	105 06	44 »

Tableau n° 5.

TRAITEMENTS DES PROFESSEURS DEPUIS L'AN XII JUSQU'EN 1878.

CHAIRES	An XII	1806	1814	1816	1823	1827	1832	1841	1845	1851	1857	1861	1871	1872
Philosophie	Traitement fixe, 600 fr. et une prime de 15 fr. par élève payant, partageable également entre les trois professeurs alors nommés, avec un minimum de 900 fr. garanti.	»	»	»	»	1400	1400	1400	1400	»	1600	1700	»	»
Mathématiques 1re chaire		»	»	»	600	»	600	»	»	1600	1700	»	1800	»
Mathématiques 2e chaire		»	»	»		»		1300	1400	1400	1400	1600	1700	»
Rhétorique		1100	»	1200	1300	»	1300	1500	1600	»	1700	»	»	»
Seconde			»	1100		»		1300	1400	»	1600	»	»	»
Troisième		1000	»		1200	»	1200	1300	1400	»	1600	»	»	»
Quatrième			»	1000		»		1200	1300	»	1500	»	»	»
Cinquième		900	»		1100	»	1100	1100	1200	»	1400	»	»	»
Sixième			»	900		»		1100	1200	»	1100	»	»	»
Septième		»	800		600	»	1000	1200	1200	»	1100	»	»	»
Huitième		»		»	»	»	700	500	700	»	800	»	»	»
Anglais		»	»	»	»	»	»	»	»	1000	»	1200	1400	1600
Ecole primaire sup.re		»	»	»	1000	»	»	1100	1200	»	»	»	»	»
Sous-maître		»	»	»	»	»	»	»	»	1000	»	»	»	»

CHAIRES	1877 (1)		
	Traitement par la ville	Allocation de l'État	TOTAL
Philosophie	1800	300	2100
Mathématiques 1re chaire	2400	100	2500
Mathématiques 2e chaire	1900	300	2200
Rhétorique	2300	200	2500
Seconde	1900	300	2200
Troisième	1700	»	1700
Quatrième	1600	»	1600
Cinquième	1700	»	1700
Sixième	1600	100	1700
Septième	1400	»	1400
Huitième	800	»	800
Anglais	1700	200	1900
Enseignement spécial 1re chaire (sciences)	1700	200	1900
Id. (lettres)	1700	»	1700
2e chaire (sciences)	1500	200	1700
Id. (lettres)	1100	»	1100
Enseignement primaire 1re division	1100	»	1100
2e division	700	»	700

(1) A compter de 1877, une allocation a été accordée par l'État à certaines chaires.

TRAITEMENTS DES FONCTIONNAIRES DU COLLÈGE
à la charge du Principal.

FONCTIONNAIRES.	1806.	1818.	1839.	1854.	1857.	1867.	1869.	1874.
Aumônier (1).........	»	400	»	»	»	800	1200	1500
Sous-principal.........	»	»	600	»	»	»	»	»
Maîtres d'étude........	300 (2)	»	»	625	600	»	»	»

(1) Créé en 1817, il remplit ses fonctions sans rétribution jusqu'en 1878.

(2) Mis à la charge du principal (traitement en nourriture) depuis le 1er avril 1813.

Tableau n° 7.

EXAMENS DU BACCALAURÉAT

—

Statistique des dix dernières années.

ANNÉES.	NOMBRE des ÉLÈVES REÇUS.	OBSERVATIONS.
1868	9	(1) Année où commence le bacca- lauréat scindé.
1869	9	
1870	11	
1871	7	
1872	18	
1873	8	
1874	7	
1875 (1)	16	
1876	23	
1877	27	

Tableau n° 8.

CONCOURS ACADÉMIQUES

Statistique des dix dernières années

ANNÉES.	SUCCÈS REMPORTÉS PAR LES ÉLÈVES DU COLLÈGE D'ARGENTAN.
1868	2 accessits.
1869	4 nominations, parmi lesquelles 1 1er prix.
1870	3 id.
1872	2 id., 1 1er prix.
1873	3 id.
1874	8 id.
1875	6 id., 1 1er prix.
1876	6 id.
1877	5 id., 1 1er prix.

TABLE DES MATIÈRES